Table des matières

I0490427

Chapitre 1 : L'art de la transformation

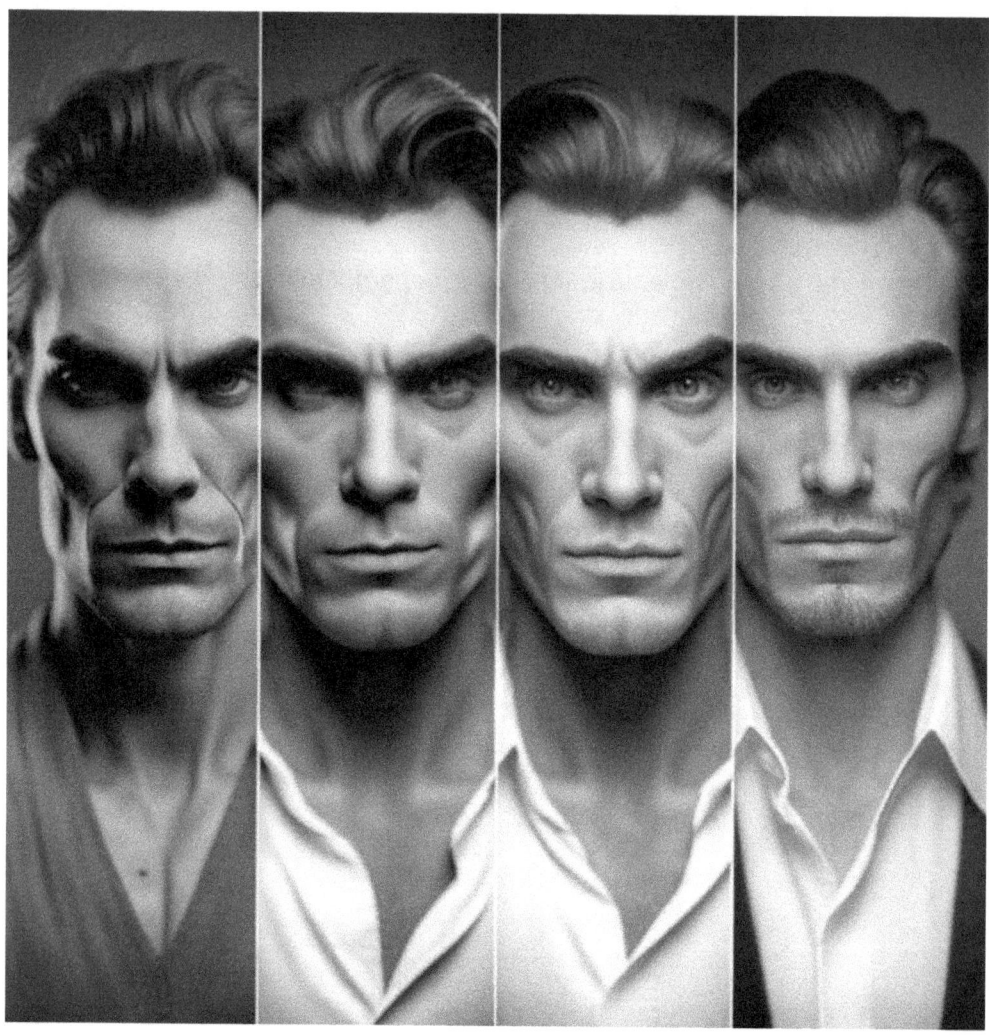

Jouer plusieurs personnages peut être une tâche ardue, mais avec les bonnes techniques, un acteur peut créer une performance engageante et dynamique qui captive le public. La clé pour jouer plusieurs personnages est la transformation, la capacité d'incarner pleinement chaque personnage et de les rendre distincts et crédibles.

Le processus de transformation commence par la compréhension du personnage, y compris sa personnalité, son histoire et ses motivations. La recherche et le développement de la trame de fond d'un personnage aident un acteur à comprendre la perspective et le

One Man, Many Faces: Un petit manuel sur "L'art de jouer plusieurs personnages".

Jouer est un métier qui a la capacité de transporter un public dans un autre monde. Il peut inspirer, émouvoir et changer les gens comme peu d'autres formes d'art peuvent le faire. Et bien qu'il s'agisse d'une discipline difficile et exigeante, il n'y a pas de plus grand plaisir pour un acteur que de donner vie à un personnage sur scène ou à l'écran.

Pour certains acteurs, le défi de donner vie à un personnage ne suffit pas. Ils recherchent l'opportunité d'explorer de multiples personnalités et de s'immerger complètement dans une variété de mondes différents. Ces acteurs sont passés maîtres dans l'art de jouer plusieurs personnages, et leurs compétences témoignent de la puissance de la narration et des incroyables possibilités des arts de la scène.

Mais l'art de jouer plusieurs personnages n'est pas facile. Cela nécessite une compréhension approfondie des exigences psychologiques et émotionnelles de chaque personnage, ainsi que la capacité de les différencier et de maintenir une cohérence tout au long d'une production. Cela demande de l'empathie, de l'imagination et un engagement indéfectible envers le métier.

Dans ce livre, nous explorons l'art de jouer plusieurs personnages en profondeur, en nous appuyant sur des expériences personnelles et sur la sagesse d'autres professionnels du domaine. Nous examinerons les techniques et les stratégies que les acteurs peuvent utiliser pour habiter pleinement leurs personnages et leur donner vie sur scène ou à l'écran. Nous discuterons de l'importance du développement du personnage, de la différenciation et de la collaboration, et proposerons des conseils pratiques et des exercices pour aider les acteurs à perfectionner leurs compétences et à développer leur métier.

Que vous soyez débutant ou professionnel chevronné, ce livre vous fournira les outils et les connaissances dont vous avez besoin pour réussir dans l'art d'incarner plusieurs personnages. C'est une célébration du pouvoir de la narration, de la beauté des arts de la scène et des possibilités incroyables de l'imagination humaine. Alors rejoignez-nous alors que nous explorons le monde de plusieurs personnages et découvrons les nombreux visages qui peuvent être animés par une seule personne.

processus de pensée du personnage, ce qui facilite l'habiter l'état d'esprit du personnage. Un acteur doit également essayer de se connecter émotionnellement avec le personnage, en explorant les émotions qui motivent ses actions et en utilisant ses propres expériences pour créer une connexion plus profonde avec le personnage.

Une fois qu'un acteur a une compréhension claire du personnage, il est important de développer des techniques pour incarner pleinement le personnage. Un élément clé de la transformation est la compréhension des aspects physiques, vocaux, comportementaux et psychologiques de la transformation.

Transformation physique

La transformation physique est l'un des moyens les plus évidents pour un acteur de changer son
l'apparence d'incarner un personnage. Cela peut inclure des changements de coiffure, de maquillage et de costume, ainsi que l'utilisation de prothèses ou d'effets spéciaux. L'acteur doit être capable de créer une présence physique cohérente avec le personnage qu'il incarne.
Par exemple, un acteur peut avoir besoin de prendre ou de perdre du poids pour jouer de manière convaincante un personnage en surpoids ou en sous-poids. Ils peuvent également avoir besoin de modifier leur apparence physique pour représenter un personnage plus âgé ou plus jeune qu'eux. Cette transformation physique doit être cohérente avec la personnalité, les motivations et le passé du personnage. Par exemple, si un personnage est décrit comme étant rude et dur, un acteur peut avoir besoin de se muscler physiquement ou de paraître plus robuste pour incarner ce personnage de manière convaincante.

Transformation vocale

En plus de la transformation physique, un acteur doit également être capable de changer de voix pour incarner un personnage de manière convaincante. Cela peut inclure des changements de ton, de hauteur et de cadence, ainsi que l'utilisation d'accents ou de dialectes. L'acteur doit être capable de parler d'une manière cohérente avec le personnage qu'il incarne.

Par exemple, un acteur peut avoir besoin d'apprendre un accent ou un dialecte spécifique pour représenter de manière convaincante un personnage d'une région ou d'un pays différent. Ils peuvent également avoir besoin de modifier leur style de parole pour refléter la personnalité du personnage, comme une voix timide ou confiante. L'utilisation de la transformation vocale est particulièrement importante lorsque vous jouez plusieurs personnages, car elle peut aider à différencier chaque personnage et à créer une présence plus distincte sur scène ou à l'écran.

Transformation comportementale

La transformation comportementale fait référence aux changements qu'un acteur apporte à son langage corporel, ses gestes et ses mouvements pour incarner un personnage de manière convaincante. Cela peut inclure des changements dans les expressions faciales, la posture et les manières.

Par exemple, un acteur jouant un personnage nerveux ou timide peut utiliser l'agitation ou éviter le contact visuel pour exprimer sa personnalité. De même, un acteur jouant un personnage confiant ou dominant peut se tenir droit et utiliser des gestes audacieux pour exprimer sa personnalité. La transformation comportementale est particulièrement importante lorsque vous jouez plusieurs personnages, car elle peut aider à différencier chaque personnage et à les rendre plus distincts.

Transformation psychologique

La transformation psychologique fait référence aux changements internes qu'un acteur apporte à sa personnalité et à son état émotionnel pour incarner un personnage de manière convaincante. Cela peut inclure des changements dans les processus de pensée, les émotions et les motivations.

Par exemple, un acteur peut avoir besoin de puiser dans ses propres expériences émotionnelles pour dépeindre de manière convaincante les émotions d'un personnage. Ils peuvent également avoir besoin de comprendre les antécédents et les motivations du personnage pour faire des choix crédibles dans sa performance. L'utilisation de la transformation psychologique est particulièrement importante lorsque vous jouez plusieurs personnages, car elle peut aider à créer des personnalités et des motivations distinctes.

Conclusion:

L'art de la transformation est essentiel à l'art d'agir, en particulier lorsqu'un acteur joue plusieurs personnages. En utilisant des techniques de transformation physique, vocale, comportementale et psychologique, les acteurs peuvent créer des personnages entièrement réalisés et crédibles qui engagent et captivent le public. Cependant, ce niveau de transformation nécessite des compétences, un dévouement et une pratique considérables. Dans les chapitres suivants, nous explorerons les techniques et stratégies utilisées par les acteurs pour créer des personnages pleinement réalisés et crédibles lorsqu'ils jouent plusieurs rôles.

Chapitre 2 : Le pouvoir du développement du personnage

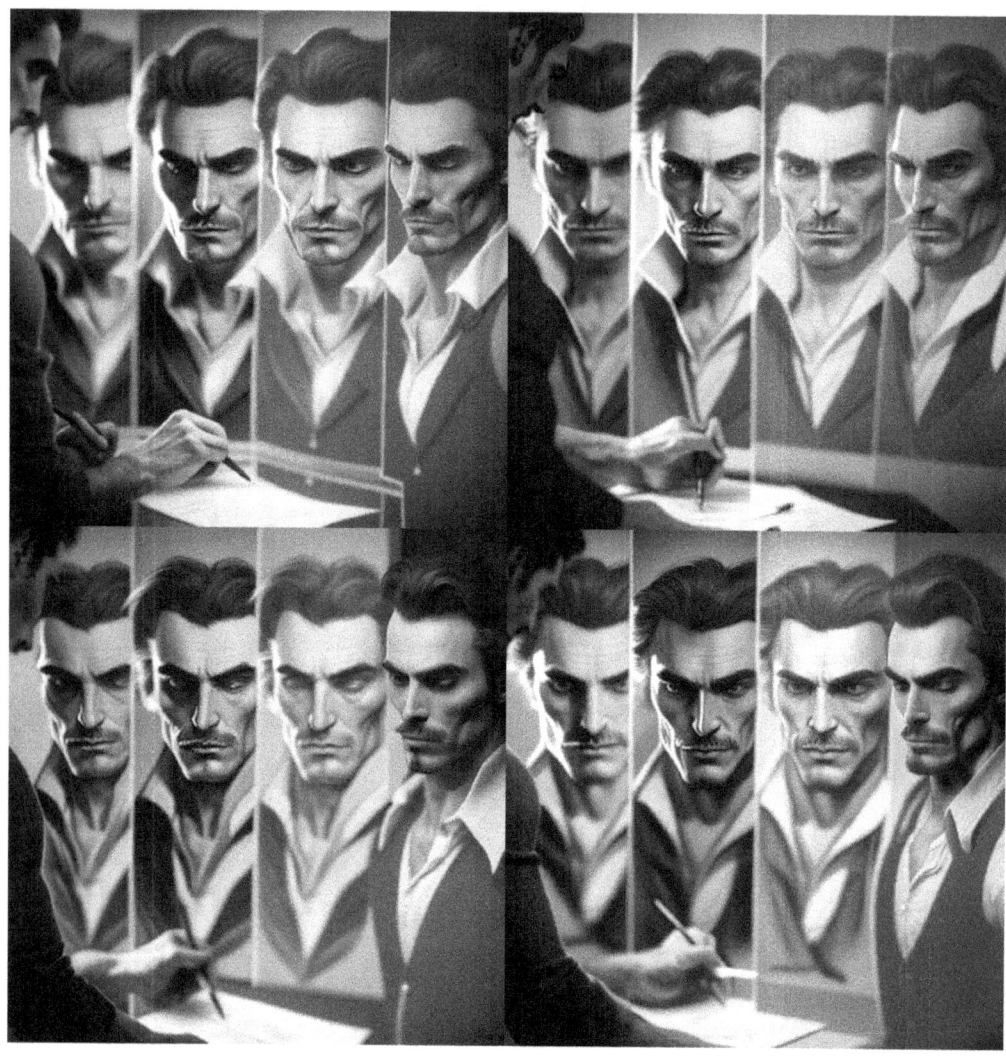

Le développement du personnage est le processus de création d'un personnage entièrement réalisé et crédible qui peut engager et captiver un public. C'est un élément clé du jeu d'acteur, et lorsqu'un acteur joue plusieurs personnages, la capacité à développer chaque personnage devient encore plus importante. Dans ce chapitre, nous explorerons les différents aspects du développement du personnage et comment les acteurs les utilisent pour créer des personnages distincts et engageants.

Motivations et objectifs

L'un des aspects clés du développement du personnage est de comprendre les motivations pour comprendre pourquoi le personnage veut gagner, que ce soit pour un accomplissement personnel, un désir de reconnaissance ou un besoin de prouver quelque chose à lui-même ou aux autres. Cette compréhension des motivations et des objectifs du personnage informera la performance de l'acteur et contribuera à créer un personnage crédible et engageant. Les acteurs doivent comprendre ce que leur personnage veut, pourquoi ils le veulent et ce qu'ils sont prêts à faire pour y parvenir.

Par exemple, un acteur jouant un personnage qui veut gagner une course peut avoir besoin de comprendre pourquoi le personnage veut gagner, que ce soit pour un accomplissement personnel, un désir de reconnaissance ou un besoin de prouver quelque chose à lui-même ou aux autres. Cette compréhension des motivations et des objectifs du personnage informera la performance de l'acteur et contribuera à créer un personnage crédible et engageant.

Antécédents et histoire

Un autre aspect important du développement du personnage est de comprendre la trame de fond et l'histoire du personnage. Cela inclut leur famille, leur éducation, leurs relations et leurs expériences passées. Les acteurs doivent comprendre les événements et les circonstances qui ont façonné la personnalité et les motivations de leur personnage.

Par exemple, un acteur jouant un personnage qui a un passé troublé peut avoir besoin de comprendre quels événements ou expériences ont conduit à ce passé troublé. Cette compréhension informera la performance de l'acteur et aidera à créer un personnage crédible et engageant. En comprenant la trame de fond et l'histoire de leur personnage, les acteurs peuvent créer un personnage plus pleinement réalisé qui ressemble à une vraie personne.

Personnalité et traits

La compréhension par un acteur de la personnalité et des traits d'un personnage est un autre aspect important du développement du personnage. Cela inclut leur tempérament, leurs valeurs, leurs croyances et leurs bizarreries de personnalité. Les acteurs doivent comprendre la personnalité et les traits du personnage pour créer une performance crédible et engageante.

Par exemple, un acteur jouant un personnage réservé et introverti peut avoir besoin de comprendre comment ce trait de personnalité affecte les interactions de son personnage avec d'autres personnages. Cette compréhension informera la performance de l'acteur et aidera à créer un personnage crédible et engageant. En comprenant la personnalité et les traits de leur personnage, les acteurs peuvent créer une performance cohérente et crédible.

Relations et interactions

Un autre aspect clé du développement du personnage est de comprendre les relations et les interactions du personnage avec d'autres personnages. Cela inclut la façon dont ils se rapportent aux membres de la famille, aux amis, aux ennemis et aux autres personnages de l'histoire. Les acteurs doivent comprendre comment les relations et les interactions de leur personnage affectent leur personnalité, leurs motivations et leurs objectifs.
Par exemple, un acteur jouant un personnage qui a une relation difficile avec son père peut avoir besoin de comprendre comment cela affecte les motivations et la personnalité de son personnage. Cette compréhension informera la performance de l'acteur et aidera à créer un personnage crédible et engageant. En comprenant les relations et les interactions de leur personnage, les acteurs peuvent créer une performance authentique et réelle.

Conclusion:

Le développement du personnage est un aspect crucial du jeu d'acteur, en particulier lorsqu'un acteur joue plusieurs personnages. En comprenant les motivations et les objectifs, la trame de fond et l'histoire, la personnalité et les traits, ainsi que les relations et les interactions de chaque personnage, les acteurs peuvent créer des performances pleinement réalisées et engageantes qui résonnent auprès du public. Cependant, ce niveau de développement du personnage nécessite des compétences, un dévouement et une pratique considérables. Dans les chapitres suivants, nous explorerons les techniques et les stratégies utilisées par les acteurs pour développer des personnages pleinement réalisés et engageants lorsqu'ils jouent plusieurs rôles.

.

Chapitre 3 : Le défi de la différenciation

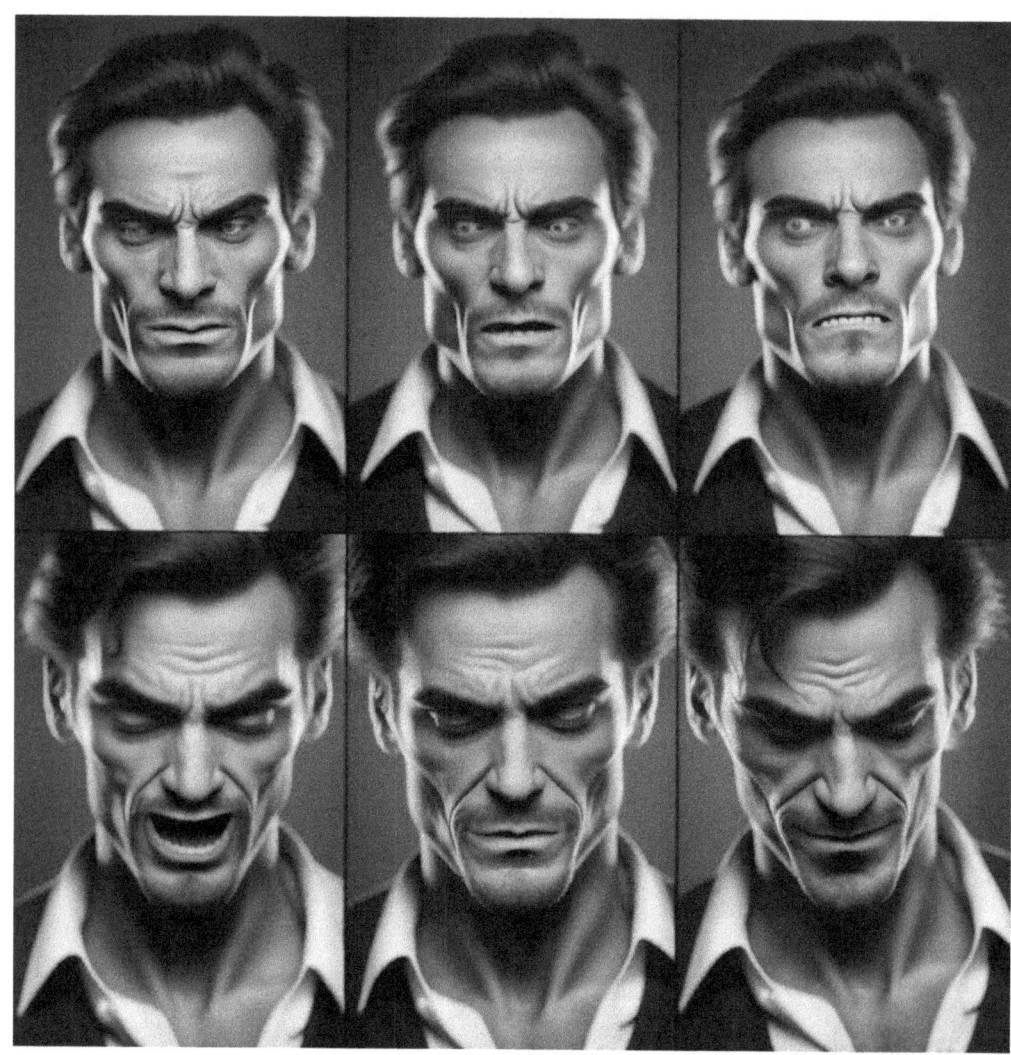

Jouer plusieurs personnages est un défi unique pour un acteur. L'un des plus grands obstacles auxquels ils sont confrontés est la nécessité de différencier chaque personnage des autres. Si le public ne peut pas distinguer les personnages, l'histoire perd de son impact et la performance devient oubliable. Dans ce chapitre, nous explorerons les défis de la différenciation et les techniques utilisées par les acteurs pour créer des personnages distincts et mémorables.

Caractéristiques physiques et vocales

L'un des moyens les plus évidents de différencier les personnages consiste à utiliser des caractéristiques physiques et vocales. Les acteurs peuvent utiliser différents accents, modèles de discours, tons et inflexions pour créer des voix distinctes pour chaque personnage. Ils peuvent également utiliser différentes postures, gestes et expressions faciales pour créer une physicalité unique pour chaque personnage.

Par exemple, un acteur jouant le rôle d'un personnage timide et réservé peut utiliser une voix plus douce et des expressions faciales limitées, tandis qu'un personnage extraverti et confiant peut utiliser une voix plus forte et un langage corporel plus expressif.

Cependant, les caractéristiques physiques et vocales ne sont que le point de départ. Les acteurs doivent également approfondir la personnalité et les motivations du personnage pour créer des performances plus nuancées et complexes.

Sous-texte et émotion

L'un des défis de la différenciation est de créer des sous-textes et des parcours émotionnels distincts pour chaque personnage. Les acteurs doivent comprendre comment chaque personnage pense et ressent, ainsi que comment il interagit avec les autres personnages de l'histoire. Ils doivent trouver des moyens de rendre le voyage émotionnel de chaque personnage unique et engageant.

Par exemple, un acteur jouant le rôle d'un méchant peut créer un sous-texte d'insécurité et de peur, tandis qu'un acteur jouant un héros peut créer un sous-texte de doute de soi et d'hésitation. Ces nuances de sous-texte et d'émotion aident à créer des performances plus dynamiques et mémorables.

Timing et rythme

Une autre façon de différencier les personnages est le timing et le tempo. Les acteurs peuvent utiliser un rythme et un rythme différents pour créer des personnalités distinctes pour chaque personnage.

Par exemple, un acteur jouant un personnage confiant et affirmé peut avoir un tempo rapide et efficace, tandis qu'un acteur jouant un personnage incertain et hésitant peut avoir un tempo plus lent et plus délibéré.
Cependant, le timing et le tempo doivent également être équilibrés avec le parcours émotionnel du personnage. Le timing et le tempo de la performance doivent refléter l'état émotionnel et les motivations du personnage, plutôt que d'être simplement un trait superficiel.

Écouter et réagir

Enfin, l'une des techniques de différenciation les plus importantes est l'écoute et la réaction. Les acteurs doivent être pleinement présents à chaque instant, écoutant et réagissant aux autres personnages de la scène. Ils doivent être capables de répondre aux émotions et aux motivations des autres personnages d'une manière qui leur est propre.

Par exemple, un acteur jouant le rôle d'un personnage compatissant peut réagir à une scène avec empathie et compréhension, tandis qu'un acteur jouant un personnage égocentrique peut réagir avec indifférence ou hostilité.

Conclusion:

Différencier plusieurs personnages est un défi unique pour les acteurs, mais il est essentiel pour créer des performances engageantes et mémorables. En utilisant les caractéristiques physiques et vocales, le sous-texte et l'émotion, le timing et le tempo, l'écoute et la réaction, les acteurs peuvent créer des personnages distincts et pleinement réalisés qui résonnent avec le public. Cependant, le processus de différenciation nécessite une compréhension approfondie de chaque personnage et de sa place dans l'histoire, ainsi que la capacité de faire des choix audacieux et spécifiques sur le moment. Dans les chapitres suivants, nous explorerons comment les acteurs utilisent ces techniques pour créer des performances dynamiques et engageantes lorsqu'ils jouent plusieurs rôles.

Chapitre 4 : La psychologie de jouer plusieurs personnages

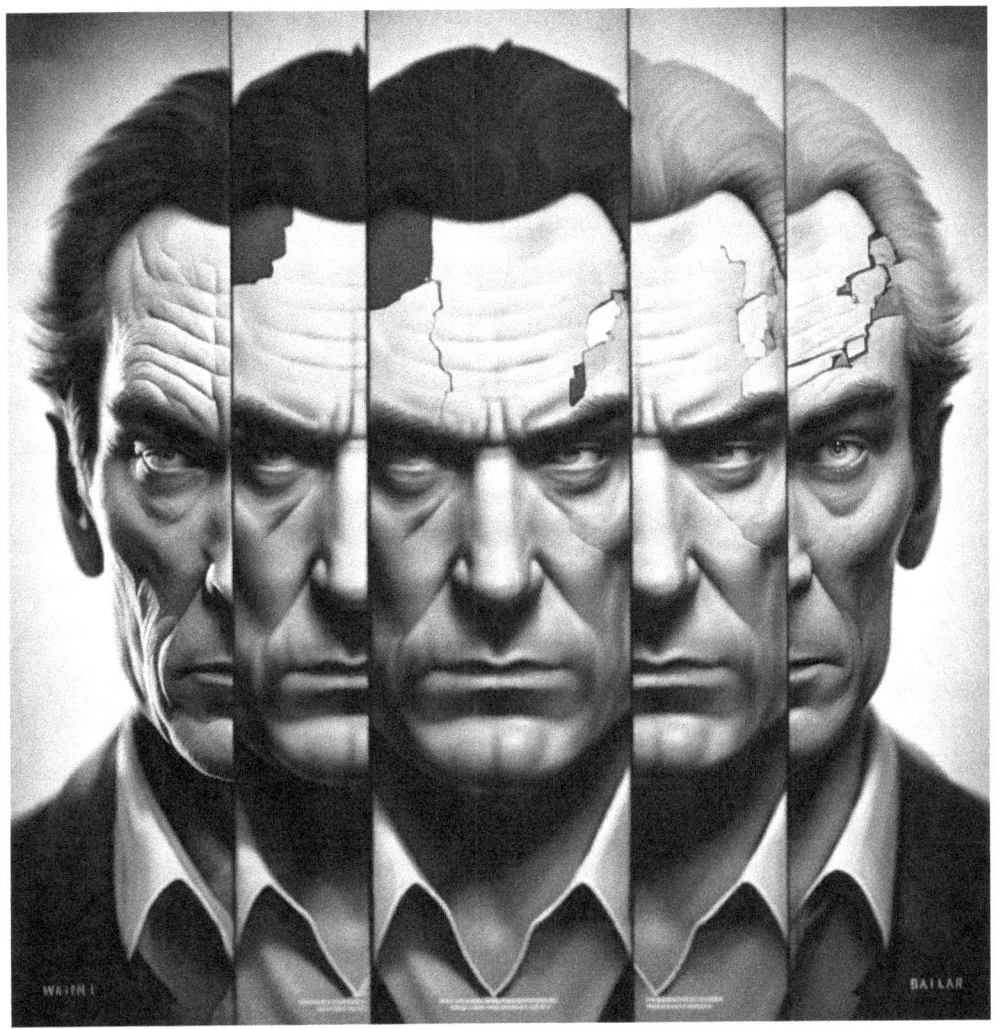

Jouer plusieurs personnages nécessite une approche psychologique unique pour un acteur. Ils doivent être capables de passer rapidement et efficacement d'un personnage à l'autre, tout en conservant un sentiment de clarté et de cohérence dans leurs performances. Dans ce chapitre, nous explorerons les défis psychologiques et les techniques que les acteurs utilisent pour naviguer en jouant plusieurs personnages.

Flexibilité émotionnelle

L'un des principaux défis psychologiques de jouer plusieurs personnages est la flexibilité émotionnelle. Les acteurs doivent être capables de basculer rapidement et efficacement entre différents états émotionnels et motivations. Cela nécessite la capacité d'accéder à un large éventail d'émotions, ainsi que la volonté d'être vulnérable et ouvert sur le moment.

Par exemple, un acteur peut avoir besoin de passer d'un personnage confiant et affirmé à un personnage vulnérable et incertain dans la même scène. Pour le faire efficacement, l'acteur doit pouvoir accéder et incarner pleinement l'état émotionnel de chaque personnage.

Connaissance de soi et clarté

Une autre compétence psychologique importante pour jouer plusieurs personnages est la conscience de soi et la clarté. Les acteurs doivent être capables de faire la différence entre leurs propres émotions et les émotions de chaque personnage qu'ils jouent. Ils doivent également être capables de maintenir une idée claire des motivations et des traits de personnalité du personnage tout en étant dans l'instant et en réagissant aux autres acteurs de la scène.

Pour le faire efficacement, les acteurs doivent avoir une compréhension approfondie de leur propre composition émotionnelle et psychologique, ainsi que la capacité de se séparer des personnages qu'ils jouent.

Préparation et répétition

La préparation et la répétition sont également des techniques psychologiques importantes pour jouer plusieurs personnages. Les acteurs doivent être capables de développer une compréhension claire et cohérente de chaque personnage qu'ils jouent, ainsi que de leur place dans l'histoire. Cela nécessite une quantité importante de temps de préparation et de répétition, y compris des travaux de recherche, d'analyse de scénario et de développement de personnages.

Pendant le processus de répétition, les acteurs doivent également être en mesure d'expérimenter différents choix et techniques, et de recevoir des commentaires des réalisateurs et d'autres acteurs. Cela leur permet d'affiner leurs performances et de faire des choix audacieux et précis pour chaque personnage.

Présence et concentration

Enfin, la présence et la concentration sont des compétences psychologiques cruciales pour jouer plusieurs personnages. Les acteurs doivent être capables de rester présents et concentrés à chaque instant, malgré les défis de passer d'un personnage à l'autre et de maintenir un sentiment de clarté et de cohérence. Cela nécessite une quantité importante d'énergie mentale et physique, ainsi que la capacité de bloquer les distractions et de rester dans l'instant.

Pour le faire efficacement, les acteurs peuvent utiliser des techniques telles que la pleine conscience, la méditation et des exercices de respiration pour les aider à rester présents et concentrés à chaque instant.

Conclusion:

Jouer plusieurs personnages nécessite une approche psychologique unique pour les acteurs. Ils doivent être capables d'accéder à un large éventail d'émotions, de maintenir un sentiment de clarté et de cohérence, et de rester présents et concentrés à chaque instant. En utilisant des techniques telles que la flexibilité émotionnelle, la conscience de soi, la préparation et la répétition, la présence et la concentration, les acteurs peuvent créer des performances dynamiques et engageantes lorsqu'ils jouent plusieurs rôles. Cependant, le processus de jouer plusieurs personnages nécessite une quantité importante d'énergie mentale et émotionnelle, ainsi qu'une volonté d'être vulnérable et ouvert sur le moment. Dans les chapitres suivants, nous explorerons comment les acteurs utilisent ces techniques pour créer des performances mémorables et nuancées lorsqu'ils jouent plusieurs rôles.

Chapitre 5 : L'art de la collaboration

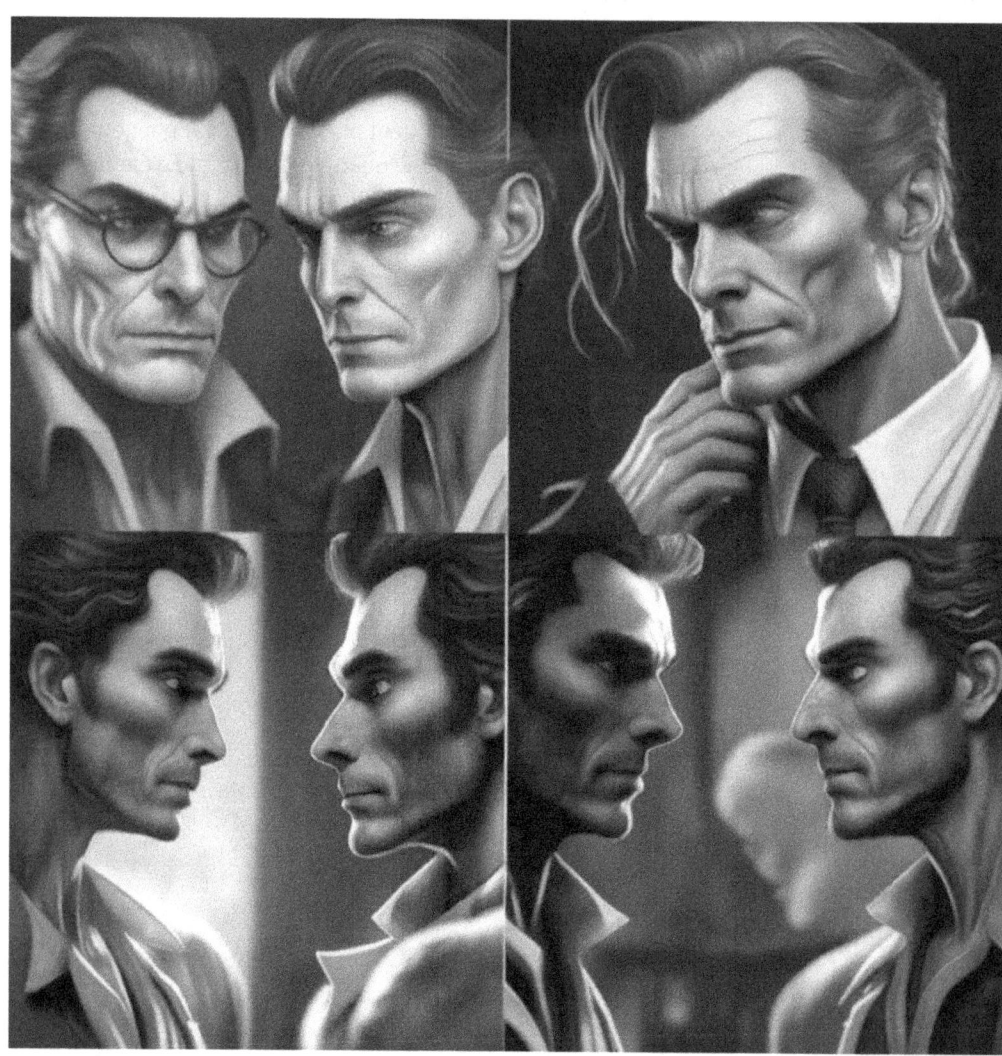

Jouer plusieurs personnages nécessite souvent une collaboration avec d'autres acteurs, réalisateurs et designers. Dans ce chapitre, nous explorerons l'art de la collaboration et les compétences et techniques clés que les acteurs utilisent pour travailler efficacement avec les autres afin de créer des performances dynamiques et engageantes.

Écoute active

L'écoute active est une compétence cruciale pour la collaboration dans n'importe quel domaine, mais particulièrement dans le jeu d'acteur. Les acteurs doivent être capables d'écouter activement leurs collègues acteurs et d'assimiler les informations qui leur sont données. Cela leur permet de réagir de manière appropriée et de nouer des relations avec d'autres personnages sur scène.

L'écoute active implique également d'être présent dans l'instant et de répondre aux actions et aux émotions des autres acteurs. Cela nécessite un sens aigu de la concentration et une ouverture aux nouvelles idées et perspectives.

Confiance et respect

La confiance et le respect sont également des éléments clés de la collaboration dans l'action. Les acteurs doivent pouvoir faire confiance à leurs collègues acteurs et à leurs réalisateurs, ainsi que respecter leurs choix et décisions créatifs. Cela nécessite un niveau de vulnérabilité et d'ouverture, ainsi que la capacité de communiquer efficacement et d'être réceptif aux commentaires.

Les acteurs doivent également pouvoir être sûrs que leurs collègues acteurs les soutiendront et les soutiendront sur scène.

Communication efficace

Une communication efficace est une autre compétence essentielle pour la collaboration dans le jeu d'acteur. Les acteurs doivent être capables de communiquer clairement leurs idées et leurs intentions à leurs collègues acteurs et réalisateurs, ainsi que d'écouter activement les idées et les commentaires qu'ils reçoivent.

Cela nécessite un fort sentiment d'affirmation de soi, ainsi que la capacité de recevoir des commentaires et d'adapter leurs performances en conséquence. Une communication efficace implique également d'être capable d'articuler les intentions et les motivations de son personnage, ainsi que les choix qu'il fait sur scène.

Travail d'équipe et adaptabilité

Le travail d'équipe et l'adaptabilité sont également des éléments importants de la collaboration dans le jeu d'acteur. Les acteurs doivent être capables de travailler efficacement en équipe et d'adapter leurs performances aux besoins de la production. Cela nécessite une volonté d'être flexible et adaptable, ainsi que la capacité de suivre les instructions et les commentaires de leurs collègues acteurs et réalisateurs. Les acteurs doivent également être capables de travailler efficacement avec les concepteurs et les techniciens pour créer une production cohérente et engageante.

Conclusion:

La collaboration est un élément crucial du jeu d'acteur, en particulier lorsque vous jouez plusieurs personnages. Les acteurs doivent être capables d'écouter activement, de faire confiance et de respecter leurs collègues acteurs et réalisateurs, de communiquer efficacement, de travailler efficacement en équipe et d'adapter leurs performances aux besoins de la production. En utilisant ces compétences et techniques, les acteurs peuvent créer des performances dynamiques et engageantes qui laissent une impression durable sur leur public. Cependant, une collaboration efficace nécessite une quantité importante d'énergie mentale et émotionnelle, ainsi qu'une volonté d'être vulnérable et ouvert à de nouvelles idées et perspectives. Dans les chapitres suivants, nous explorerons comment les acteurs utilisent ces techniques pour travailler en collaboration afin de créer des productions captivantes et mémorables.

Chapitre 6 : L'avenir de plusieurs personnages

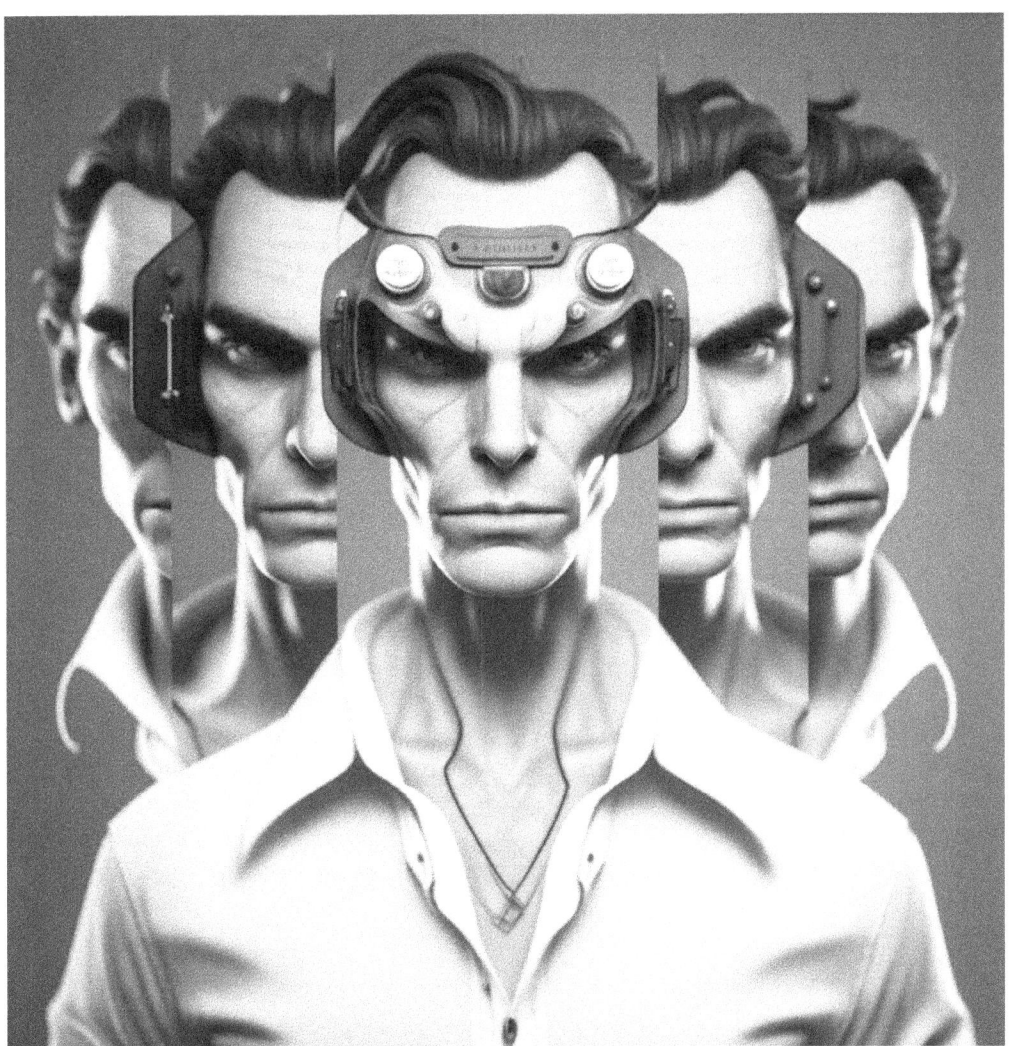

Le monde du théâtre et du divertissement est en constante évolution et l'utilisation de plusieurs personnages ne fait pas exception. Dans ce chapitre, nous explorerons l'avenir de plusieurs personnages dans les arts de la scène et comment l'utilisation de la technologie et des nouvelles techniques change la façon dont les acteurs abordent cette forme d'art stimulante et enrichissante.

Réalité virtuelle et augmentée

Les avancées technologiques ouvrent de nouvelles possibilités pour plusieurs personnages dans les arts de la scène. La réalité virtuelle et augmentée peut transporter le public dans des mondes entièrement nouveaux et créer des expériences immersives et engageantes. Les acteurs peuvent utiliser ces technologies pour créer facilement plusieurs personnages, car ils peuvent basculer entre différents personnages à l'aide de la capture de mouvement et d'autres techniques. Cela leur permet de créer des performances complexes et en couches qui étaient auparavant impossibles.

Performances numériques

Les performances numériques sont une autre tendance émergente dans le monde des personnages multiples. Les acteurs peuvent utiliser la technologie pour créer des performances entières à l'aide d'avatars numériques ou même de personnages entièrement générés par ordinateur. Cette technologie peut permettre aux acteurs de créer plusieurs personnages entièrement uniques et adaptés aux besoins de la production. Cela permet également une plus grande flexibilité en termes d'horaire et de lieu, car les acteurs peuvent se produire de n'importe où dans le monde.

L'impact de la diversité

La prise de conscience croissante de la diversité et de l'inclusion dans les arts de la scène a également un impact sur l'utilisation de plusieurs personnages. La pratique consistant à utiliser un acteur pour jouer plusieurs personnages a souvent été utilisée pour créer des stéréotypes raciaux et de genre, mais une évolution vers un casting plus diversifié est en train de changer cela.

Au fur et à mesure que des acteurs plus divers se voient offrir des opportunités dans des rôles principaux, la nécessité de s'appuyer sur un seul acteur pour jouer plusieurs personnages est réduite. Cela permet des performances plus nuancées et authentiques, car chaque personnage est joué par un acteur qui comprend ses expériences et sa perspective.

Conclusion:

L'avenir des personnages multiples dans les arts de la scène est plein de possibilités. Les progrès technologiques, une prise de conscience croissante de la diversité et de nouvelles techniques de développement du caractère contribuent tous à l'évolution de cette forme d'art.

Les acteurs capables de jouer efficacement plusieurs personnages continueront d'être très demandés, mais leur façon d'aborder ce défi pourrait changer dans les années à venir. Que ce soit grâce à l'utilisation de la réalité virtuelle et augmentée, des performances numériques ou d'un plus grand accent sur la diversité et l'inclusion, l'avenir de plusieurs personnages promet d'être passionnant et plein de possibilités créatives.

A propos de l'auteur,

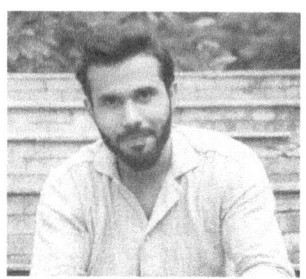

Ankit Raj Kashyap est un acteur, mannequin et entrepreneur chevronné originaire de la capitale indienne de New Delhi. Il a vécu et joué dans diverses villes, dont Prague, Brno, Vienne, Berlin et Mumbai. En plus d'être un acteur chevronné, il est titulaire d'un diplôme en informatique et est un technologue et homme d'affaires international prospère. Il a représenté l'Inde dans diverses compétitions technologiques internationales dans le monde entier, notamment UltraHack et Oulu 5GFWD en Europe.

Sa séquence artistique de devenir acteur est venue plus tard dans la vie lorsqu'il a rejoint le Barry John Acting Studio et a été formé par Anirudh Dhanian. Il est tombé amoureux du théâtre et du cinéma pendant son séjour à l'école de théâtre et a lentement fait pivoter sa carrière d'un entrepreneur technologique à succès à un acteur chevronné. Il considère toujours la technologie comme l'un de ses principaux points d'ancrage dans la vie et prévoit d'agir et de produire des projets qui exploitent et développent les dernières technologies des arts de la scène dans les temps à venir.

25

www.ingramcontent.com/pod-product-compliance
Lightning Source LLC
Chambersburg PA
CBHW072154230526
45467CB00042B/2149